中学受験は自宅でできるⅢ

マインドフルネス学習法

Mindfulness-based Learning Method

水島 酔
You. Mizushima

M.access
株式会社 認知工学
PSYPER サイパー　MBLM
視・聴・話・写 R4+1

Contents

まえがき　なぜ今「マインドフルネス学習」か・・・・・・・・3

1、マインドフルネスとは・・・・・・・・・・・・・・・8
　　　チャート「ヨーガ・原始仏教からマインドフルネスに至る流れ」・・・・10
2、マインドフルネスと学習について・・・・・・・16
3、マインドフルネスを学習に応用した実例・・・・・24
4、おうちでできるマインドフルネス・・・・・・・・41
5、心をいやすマインドフルネス・・・・・・・・・・50
6、水島の思想の潮流・・・・・・・・・・・・・・・54

参考文献・資料・・・・・・・・・・・・・・・・・・55

まえがき
なぜいま「マインドフルネス学習」か

　拙著「お母さんが高める子供の能力（認知工学）」や「進学塾不要論（ディスカヴァートゥエンティワン）」などをすでにお読みの方には、この「まえがき」はご必要ないかも知れません。私が言いたいことのおそらく８割程度はもうすでにお分かり頂いているだろうからです。

　この「まえがき」は、上記などの本をまだお読みでない方、またお読み頂いた方でも、残りの２割を理解していただき、より深く納得していただくために書いています。

　もう２０年来、私は進学塾の「詰め込み」「丸暗記」「過剰な先取り」「大量の課題・宿題」など合格のためだけの学習は、ごく一部の子供を除いて、長い目で見た時に子供のためにはならない、かえって子供に良くない結果をもたらすとお話ししてきました。それは本当のことだからです。

　それでも進学塾は「詰め込み」「丸暗記」「過剰な先取り」「大量の課題・宿題」指導を決してやめません。進学塾も私企業で、市場原理の淘汰の競争にさらされているからです。企業にとって大切なのは「子供をよりよく伸ばすこと」ではなく「よりたくさん儲けること」です。企業の姿勢としてはそれは正しいことです。他の進学塾との争いに負けることは、塾（会社）が潰れることであり、多くの講師（従業員）を路頭に迷わせることになりかねないからです。だから「詰め込み」「丸暗記」「過剰な先取り」「大量の課題・宿題」指導をしている進学塾を全否定はできないし、進学塾は私の意見など「何を甘いことを言っているんだ」と一笑に付します。

　私はそうして２０年来ずっともがいてきました。しかしその対象は「進学塾」ではありません。大手の進学塾は私のことなど歯牙にもかけていませんから。実は、そのもがきの種は、受験生を持つ「お母さん」であり「お父さん」なのです。

　いくら私が
「Ａくんは、まだ基本の部分がしっかりとできていませんから、そこに戻って定着させるべきです」
と申し上げても、
「基礎が大切なのはわかりますが、今そんなことをしていてはどんどん遅れてしまいます。もっ

と先をさせて下さい」。

「Bさんは授業中いつも疲れていますね。ああ習い事ですか。ピアノ、バレエ、そろばん、英会話、水泳、それは大変ですね。学校の宿題だけでも、こなすのがたいへん？　そうでしょうね。睡眠時間は、ああ、6時間ですか、それはかなり短いですね。時間の割り振りを工夫して、もっとしっかりと睡眠を取らせる必要がありますよ」

と申し上げても、

「いや先生、それでもまだまだ、家ではぼーっとしている時間があるんですよ。こんな調子ではとても受験など無理でしょう？　少々の睡眠不足はがまんさせます。もっと宿題を出してください。」

子供のためにはこうした方がいいですよ、というアドバイスをしても、「それはわかりますが、それでもねえ、やっぱりねえ、受験のためにはねえ、」とおっしゃいます。受験という期日が切られて、冷静になれず、結果として子供に悪い方法をとるのは、実は親御さんなのです。（そういう親御さんは、ほとんどの場合うちの教室をやめてゆかれます）

基礎ができていなければ応用などおぼつかないのは当たり前で、仮にピアノの練習なら基礎練習を飛ばして先をさせてくれという親はいないでしょう。睡眠時間が不足すれば、たとえ起きている時間、勉強している時間が長くなったとしても、時間あたりの集中や理解が大幅に低下しますから、結局勉強ははかどりません。眠くてふらふらしている状態でスポーツの練習をさせれば、おそらく怪我をします。かえって結果は悪くなりますし、だから普通はそんなことはさせません。

音楽の練習やスポーツのトレーニングなら、「基礎をとばす」とか「睡眠をけずる」とかいうような指導はきっとないでしょう。でも不思議なことに、勉強に関してだけは「基礎を飛ばして、どんどん先をやってほしい」「睡眠を削ってでも、勉強させたほうがいい」とお考えの親御さんが多くいらっしゃるのです。

「それでもねえ、先生」「そうは言っても、やっぱり…」、親御さんのそういう反応を見るたびに「なんだかなあ」、私はなんとも暗い気分になってしまいます。

　もちろん親御さんのお気持ちもよくわかりますし、私の申し上げていることがいつも、必ずしも正しいという訳でもありません。私の伝え方の下手な部分もあるでしょう。

私たちの元へ親御さんは「合格」を求めてやっていらっしゃって、それに対して貴重なお金を

だされています。「合格」という商品を買いに来られたお客様に対して遠い「将来」のより良い結果のお話をしても通じないのも、それはもっともな話です。（本当は、私の申し上げることが「将来」のためだけでなく「合格」への最短なのでもあるのですが。）

　私なら、もちろん自分の子どもの合格のためにお金を出すでしょうが、私はこの業界に長くいて、実際のところを自分の目で見てよく知っているので、それがかえって子供をダメにするような方法なら、そんな指導にお金を出さないし、そういう進学塾へはやりません。また、目先の合格より将来にわたって子供が伸びていく方が重要（そちらが本質）だから、将来にわたって伸びる指導にお金を出したいと思います。

　しかし、それはあくまでもこの仕事に長く携わっていて、こういう指導をされた子供がこういう風になるという、長いスパンのたくさんの結果を見ることができる**私自身の言わば特殊な考え方**であって、一般的な親御さんの多くはそうではないのです。

　１００％合格するのなら、少々の犠牲は払ってもいいという考え方もあながち間違いではないかも知れません。合格というプラス面と、心身の不調、学習の悪いクセや勉強に対する誤った姿勢などマイナス面とが相殺されるかも知れないと思えるからです。全てではないにしろ現にそういう部分は確かにあります。でも不合格だった場合、どうしましょう？　マイナス面はそのまま残ってしまいます。不合格だったことは大した問題ではないにしろ、心身の不調、学習の悪いクセや勉強に対する誤った姿勢などマイナス面を、その子は少なくともしばらくの間、長い場合は数年、数十年と背負って歩いて行かなければなりません。

　１００％合格できる保証があるのであれば、多少のマイナス面に目をつぶることも悪いことではないのかも知れません。しかし、難関校であればあるほど、この子は１００％合格する、などという保証はできません。また、１００％合格しますと言い切れるぐらいのレベルの学校であれば、成長期の子供に大切な何かを犠牲にしてまで、強いて勉強させる必要もないでしょう。

　なんらかの悪い影響があるかもしれないような勉強法をさせて、それで不合格だった場合のリスクを考えると、それはバクチの世界に私は思えます。しかもそれは、たいへん率の悪いバクチです。だから私は、良くない勉強法についてははっきりと良くないと申し上げるようにしていますし、それでもご理解いただけないと、「なんだかなあ」という気分になってしまうということです。

　私が、私の申し上げていること全てに科学的エビデンス（証拠・証明）を明示できていないこ

とも、反省材料ではあります。確かに近年、睡眠不足の問題などいくつかの点については、私のお話ししていることの科学的証明がなされてきてはいます。しかし、私の見解が現時点では「２０数年の指導経験に基づく私の意見だけによる」ものも、まだまだあります。

　ただ、科学とは「後付けのもの」です。誰かが立てた仮説について、追試を行う、統計データの検証をする、など、後から証明したものです。（しかし、完全に正しいという証明はできないので、実は科学はどこまで行っても「仮説」です。）だから、私の経験に基づく「意見」が正しいかどうか科学的証明がなされるのは、どうしても私が見解を表明した時より後々のことになってしまいます。とはいえ、これまでは、私の意見を証明する科学的エビデンスに乏しかった、という点においては、私が親御さんをきちんと説得できなかった反省点であることにはまちがいありません。

　さて、マインドフルネスとは何か。
　少なくとも２～３千年は遡れる東洋の思想やヨーガの技法が、釈迦であったりその弟子であったり、また他の偉人・哲人であったりにによって体系化されて現在まで連綿と続いています。その**東洋の思想および心を統御し知恵を高める技法に対して、現代の西洋人が納得できるような科学的エビデンスが加えられたものがマインドフルネス**です。

　私は最初、マインドフルネスに興味はありませんでした。というより「ああ、また東洋思想の真似事をして」と斜に構えていたのも事実です。アップルコンピュータの創業者の一人であるスティーヴ・ジョブズが瞑想を習慣的に行っていただとか、グーグルなど大企業の幾つかが、社員研修にマインドフルネスを取り入れているだとか、アメリカで大きく広がっていることは聞いて知っていました。しかし、マインドフルネスと名前を変えたからといって東洋の思想を横文字に翻訳しただけのものだろうから、私の方が本家本元、よく知っているぞ、と高をくくっていたからです。

　ところが、今私が述べた「東洋の思想を横文字に翻訳した」という部分は正しかったのですが「…横文字に翻訳した**だけ**」の「**だけ**」の部分は誤っていました。マインドフルネスとは、東洋の思想や、心を安定させる、また知恵を高める技術に、科学的エビデンス（証明）が与えられていたのです。これは私の予想を大きく超えていました。

　もう数十年も前から、瞑想する禅のお坊さんの頭に電極を着けて、脳波を測定・解析しているぐらいのことは知っていました。しかし、それから技術の進歩により、私の想像したよりもっと

広く、深く、詳細にわたって研究が進んでいることを知って、私はマインドフルネスを認めるようになったのです。認めるようになったどころか「おっとこれはまずいぞ。本家本元である私たち東洋人が、このままでは追い越されてしまうぞ。」という危機感を持ったのも事実です。

私は１５歳の時に弓道を始めました。武道（武術）には禅や礼法の思想が含まれているからどうしてもそちらの勉強もせざるを得なくなり、２０代の頃には多少ながら瞑想について勉強もし、修行もしました。現在の学習指導という仕事に就いた必要性から、当時から現在に至るまで、心理学からカウンセリングについてまでの勉強もし続けています。また４０代になって縁あってヨガも始め、マインドフルネスというものの根本である東洋の思想・修行法については、かなり知っているつもりではありました。ところがここに来て、マインドフルネスがかつての脳波の検知程度の科学的検証ではないということが、自分なりに調べて勉強して理解できてきたのです。

マインドフルネスという科学的検証は、私に驚きと勇気とを与えてくれました。驚きはもちろん、私の想像を超える科学的検証がなされていたことにです。勇気は、私がかねてから述べてきたことへの裏付け（科学的エビデンス）がなされてきていることにです。

学習にマインドフルネスの技法を取り入れることは、非常に有効だと私は考えています。少なくとも現時点では、マインドフルネスの技法を取り入れない場合と比べてかなり効果が高いと考えられていますし、かつその副作用（マイナス面）はほとんど見受けられません。

これから、マインドフルネスとは何か、その効用はどんなものか、など、紙面の許す限りできるだけ詳しくご説明したいと思います。

1、マインドフルネスとは

　最近「マインドフルネス」という言葉をよく聞きます。「マインドフルネス」という言葉の響きや最近の評判などから、「心に関連した何か癒しの方法」だろうことはなんとなく想像できるかも知れません。しかし、漠然としていてよくわからないというのも、本当のところでしょう。

　「マインドフルネス」とは何でしょうか。幾つかの本からその定義を拾ってみました。

> マインドフルネスとは、「価値判断を入れずに、意図的に、いまの瞬間に意識を向けることから生じる注意や気づき」のことです。（ジョン・カバットジン　※1）

> マインドフルネスとは、瞬間瞬間「いまここ」に、おだやかに気づくことです。（エリーン・スネル　※2）

> マインドフルネスは、一言でいうと「自分の体験を自分の体験としてしっかりと受け止め、味わい、手放すこと」です。（伊藤絵美　※3）

　定義をする人によって多少違いますが、まあ、だいたいみなさんの想定の範囲内でしょうか。
　要するに、「『今』に意識を集中することで、心の安らぎを得ること」とでもまとめられるでしょう。でも、やっぱり、漠然としていてつかみどころがないとも言えます。

　さらに、別の識者による「マインドフルネス」の定義を見てみましょう。

> マインドフルネスとは「瞑想などを通じた脳の休息法の総称」です。（久賀谷亮　※4）

> マインドフルネスは、古代から引き継がれた数多くある精神的伝統の1つです。苦悩の原因とそのなくし方を理解するための仏教の重要な教えの1つであり、困難や苦痛にさらなる苦悩が加わるパターンから私たちを解放する1つの手段でもあります［中略］マインドフルネスとは、心の動きに単に気がつくことであり、心の中に湧き上がってくることに対して、直接注意を深く向け、さらに受容の精神で関わろうとすることです。（レベッカ・クレーン　※5）

> 「マインドフルネス」（mindfulness）とは、そもそも1900年にイギリスのリース・デービッズ（Rhys Davids, C.A.F.）が、パーリ語の《サティ》（sati）を英訳したことから使われるようになった。これは、サンスクリット語でいえば、《スムリティ》（smrti）であり、漢語では「念」、あるいは「憶念」とも訳される。その意味は「心をとどめおくこと、あるいは心にとどめおかれた状態としての記憶、心にとどめおいたことを呼びさます想起のはたらき、心にとどめおかせるはたらきとしての注意力」である。
>
> しかし現在では、マインドフルネスという用語は《サティ》が本来持つ「覚えておく」や「思い出す」という意味から離れ、一般に「ありのままの注意」という意味で使われている。この背景には《ヴィパッサナー》（Vipassana）と呼ばれる仏教瞑想の影響があるといわれるが、今日では多くの研究者がマインドフルネス瞑想法をサティ瞑想法ではなく、ヴィパッサナー瞑想法と同義のように用いている。
>
> 今日、その心理学的な効果に注目が集まっているマインドフルネス瞑想法とは、このように「気づき」や「ありのままの注意」を重視する洞察瞑想であると考えてよいだろう。（菅村玄二　※6）

　ここで「瞑想」や「仏教」などという言葉が出てきました。実は、マインドフルネスのルーツ（根元）をたどれば、東洋の思想に行き当たるのです。

　もう数十年も前から、瞑想が人の心に与える良い影響について、科学的な検証が続けられています。その初期は、瞑想しているお坊さんの脳波を測定するなどだったものが、科学技術の進歩により、より詳しく、より直接的に脳の状態を探ることができるようになってきて、近年では以前に比べてたくさんのエビデンス（証拠・実証）が得られています。

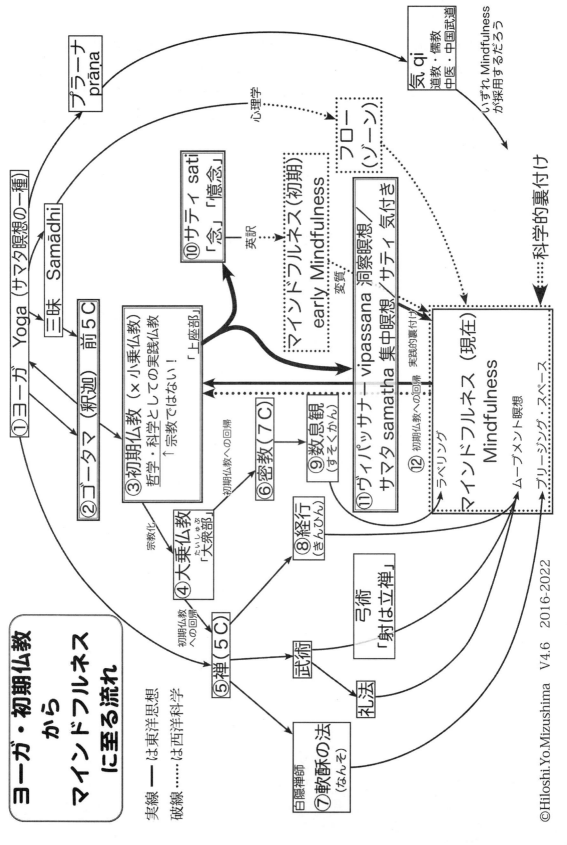

① 紀元前２５００年以前ごろより、ヨーガという土着の宗教があったとされるが、推測の域をでない。紀元前３５０年ごろにはヨーガの記述が見られる。

② (おそらく) ヨーガの技法も用いて、ゴータマは悟りを開いた。

③ ゴータマの教えが弟子たちによって伝えられ、初期仏教となった。

④ 初期仏教の修行の部分を排し、帰依・祈りに特化した派閥が、自らを「大乗」と名乗り、原始仏教を「小乗」とした。

⑤⑥. 大乗仏教のうち、修行の部分を再び取り入れ (初期仏教への回帰) たのが、⑤禅宗であり、⑥密教である。特に禅は明らかにヨーガの技法を取り入れくくろうである。密教もおそらくそうである。

⑦. 禅の修行僧「白隠禅師」が、自分の精神の病を治すために考えた (仙人に教えてもらった?) ものが「軟酥の法」であり、軟酥の法」がマインドフルネスの「ブリージング・スペース」である。

⑧. 歩きながら行う禅の瞑想「経行 (きんひん)」が、マインドフルネスの「ムーブメント瞑想」である。武術における心と身体の一体化は、例えば弓術なら「射は立禅」という言葉で表されたりするが、まさに「ムーブメント瞑想」である。

⑨. 密教の修行「観」の一つでもある「数息観 (すそくかん)」が、マインドフルネスの「ラベリング」である。あるいは安服念 (anāpāna-sati)」の英訳でもある。

⑩. パーリ語のサティ (sati) が、イギリスで英訳されてマインドフルネス (Mindfulness) となった。

★ その効用について、脳科学が裏付け (evidence) を取りつつあるのが、現時点のマインドフルネスである。

⑪. さらにマインドフルネスは、ヴィパッサナー瞑想 (Vipassana) やサマタ瞑想 (Samatha) と出会って、その影響を大きく受けている。

⑫. 現在のマインドフルネスの実践者たちの幾らかは、その根元である初期仏教 (ヴィパッサナー、サマタ、サティ) に移行 (回帰) している。(水島もその一人である)

これらのエビデンスによって、マインドフルネスが脚光を浴びるようになってきているのです。

また、アップル創業者の1人スティーブ・ジョブズが瞑想のトレーニングをしていたことは有名ですし、グーグル、ゴールドマン・サックス、フェイスブックなど、アメリカの大手有名企業がマインドフルネスを利用した社員研修を行っているなど、その実用性も認識され、アメリカでは一つの大きなムーブメントとなっているようです。私たち日本人にとっては「静かに座る」とか「背筋を伸ばす」とか「指先にまで意識を集中させる」とかはあまりにも日常で当たり前すぎてそれが特殊なことだとは意識していないものですが、アメリカ人にとって、これらが新鮮であり、かつ効果の高い方法だと認識が広まってきたということなのでしょう。

マインドフルネスとは「ヨーガ、原始仏教、禅、密教など古くから伝わる東洋の瞑想・自律訓練技法に、科学的裏付けがなされたもの」と言っていいと思います。そして、その技法や効果は多岐にわたっており、これと一つ定義するのは難しいので、なかなか「マインドフルネスとは何か」という定義が明確にはなされにくいのだと、私は考えます。

私が調べた範囲では、マインドフルネスで用いられている技法は、**全てヨーガや原始仏教、禅、密教など東洋思想（以下「ヨーガ・仏教思想」）がすでに持っている技法**です。ヨーガ・仏教思想の技法を超えたものは、私の知る限り1つもありません。

例えば、マインドフルネスにおいて「ラベリング Labeling」と総称される技法の一つに、自分の呼吸を「1つ、2つ…」と数え集中する方法があります。これはヨーガ・仏教思想で言う「数息観（すそくかん）」「安般念（アーナーパーナサティ）」に他なりません。

またマインドフルネスにおける、動かす体に集中する瞑想法「ムーブメントメディテーション」は、禅での「経行（きんひん）」と言っていいでしょう。

これらのように、マインドフルネスで用いられる技法は全くもってヨーガ・仏教思想の技法と同じものです。

しかしそれでいて、なぜ「ヨーガ・仏教思想」ではなく「マインドフルネス」がこれほどまでに脚光を浴びているのでしょうか。

1つは、先にも書いたように**「新鮮さ」**が挙げられると思います。西洋人にとってヨーガ・仏教思想は「東洋の神秘」です。今まで自分たちが持たなかった価値観、ものの見方・考え方によって構成された、全く次元の異なる思想であり哲学であり手法でありに触れた

ことが非常に新鮮で、かつそれが多大な効用をもたらすという事実が彼らにとって知的好奇心を多いに刺激された、という面があるに違いありません。「マインドフルネス」は東洋哲学・思想そのものであり、それが故に人気が出ているのでしょう。

　第2に、それらの技法による心身への効果が、もちろん単なる迷信や気のせいではなく、また心のもち方によって精神が安定したという程度のものでもなく、そこに**実証可能な科学的な裏付け**があることが理由であると考えられます。日本人は、以心伝心、心が通じていれば言いたいことは言わなくても分かる。オレの目を見ろ、何にも言うな。武道の見取り稽古などのように、むしろ言葉で説明することを嫌う、などのような文化的土壌があります。しかし、西洋は論理（ロジック）の文化です。論理とは、記号化し明示することです。それは言語化に他なりません。マインドフルネスは東洋のヨーガ・仏教思想を言語化し、科学的エビデンスを付与したものだと言えますので、西洋文化の持つ論理思考に合致し、それが西洋人の納得の得るものだったということが考えられます。

　そして3番目に「**宗教色の排除**」という点についても、述べなければなりません。

　日本人は一粒のご飯にも道端の石ころ一つにも神が宿ると考えるように、日本人にとって神様は無数にいらっしゃいます。また、生まれた時にはお宮参りに行き、結婚式はキリスト教会で行い、そして死んだら仏教でお弔いをするように、この宗教を信じているから他の宗教は信じないなどということがない、宗教に関して非常に寛容な心を持っています。

　しかし、多くの西洋人は一神教を信じています。一神教においては、他の神を信じることはもちろん、他の宗教の教義に触れることも一般には許されていません。もしマインドフルネスをマインドフルネスと呼ばずに「原始仏教」や「禅」などという言い方をしたならば、それは宗教になってしまいます。だからその教えに従って瞑想などすることができないのですね。

　だから、「原始仏教」や「禅」などどいう言い方をせず「マインドフルネス」と呼ぶことによって、「これは**宗教ではなく、心を統御する科学的な方法の一つ**なのですよ」と、一神教の人たちにも抵抗なく学べるようにしているということです。

　（実はヨーガでも同じことが起こっています。「ヨーガは高次元の宗教である（佐保田鶴治　※7）」「ヨーガとは心の作用を止滅することである。（ヨーガ・スートラ）（同　※8）」とあるように、明確に宗教です。ヨーガは明らかに宗教なのですが、ヨーガを宗教と定義してしまうと、一神教の信者の人たちはそのトレーニングができないことになってしまうので、ヨーガの指導者でも多くは「ヨーガは宗教でない」と定義しています。しかしながら、ヨーガから宗教性を抜いてしまうと、ただの「ストレッチ」、ただの「体操」になっ

てしまうので、トレーニングの内容からは宗教性を外さずに、名前からは宗教を抜いています。なかなか難しいところです。)

　また、もしかしたら「ヨーガ・仏教思想」そのものが、宗教ではないのかも知れない、とも考えられます。それは「宗教」という言葉の定義の問題ですが、ヨーガも原始仏教も「哲学」であって「宗教」ではないという考え方もありますし、そう定義してしまいさえすれば、全ては解決するのかも知れません。

　(もちろんキリスト教の人たちにも、他宗教に寛容な人たちもいます。イレーヌ・マキネスという女性は修道女でありながら、来日後、禅の修行をし見性(悟りの一種)を得、禅の師家(指導僧)となりました。(※9)
　反対に、元々臨済宗の修行僧であったが、ある神秘体験を経て老師に洗礼を受けるよう勧められ、カトリックに改宗し司祭となった奥村一郎のような人もいます。(※10)
　これらの人たちのように、多くの人が他宗教に対して寛容であり、マインドフルネスが宗教であろうとなかろうと、どんな人でも学べるようになるといいですね。)

　教育の現場にとっても、宗教性をなくす(薄める)ことにはメリットがあります。比較的宗教には寛容な日本人ではありますが、やはり宗教性が強く前面に出てくると、抵抗がある、というのも理解できます。世の中には「カルト」と呼ばれる宗教を標榜した狂信集団もありますし、教育の世界に用いるに、表面的にでも宗教性を薄めるのは良いことなのかも知れません。
　公立の学校においては宗教教育が禁止されています。私学にはキリスト教系の学校もあり、そこで仏様の教えを指導するのは難しいでしょう。だから、マインドフルネスが宗教ではなく科学的エビデンスに基づいたより良い学習方法の一つであると定義すれば、日本中のいかなる学校でも採用できることになります。
　Ｐ１０のチャートの通り、**マインドフルネスの特長の１つは、純粋に科学的裏付けがなされつつあるという点です。**チャートの破線矢印 ◀‥‥ に注目して「マインドフルネスは純粋に科学の成果である(一切の宗教性はない)」と考えても、もちろん良いと思います。
　また、たとえ方便の定義であったとしても、「『ヨーガ・仏教思想』あるいはそこから派生した『マインドフルネス』は宗教ではない」という定義を採用するのもいいかと思います。現実に、日本のキリスト教会では、神道や仏教の様々な行事を宗教行事ではなく日本の「習俗」であるとして、それらに参加することを認めているところも多いようです。

あるいは、「『ヨーガ・仏教思想』は宗教だが、『マインドフルネス』は宗教ではない」という定義でもいいと思います。

カルト（狂信）は、多くは宗教を標榜しています。また「自己啓発」も幾つかはカルトであり、マインドフルネスはそういった**カルトあるいは宗教まがい**といったものと明確に**区別をつける**必要があります。そういう面からも「マインドフルネスは科学である」という明確な線引きには、私は賛成するということです。

私は、いずれにしてもそれが多くの人の役にたつのなら、これらの技法を宗教性をなくした（薄めた）科学的技法「マインドフルネス」として活用しようと考えた次第です。

マンドフルネスは、東洋と西洋の思想の融合

2、マインドフルネスと学習について

　マインドフルネスとは「ヨーガ、原始仏教、禅、密教など古くから伝わる東洋の瞑想・自律訓練技法に、科学的裏付けがなされたもの」です。ではどうして「ヨーガ、原始仏教、禅、密教など古くから伝わる東洋の瞑想・自律技法」が学習に応用できるのでしょうか。
　例えばヨーガの効果を見てみましょう。

> 情緒の調和と安定、精神の明朗と平静、幸福感と充実感、不動の信念、創造性と自主性…（佐保田鶴治　※7）

　「情緒の調和と安定」や「精神の明朗と平静」は、学習を進めるためになくてはならないものです。イライラしていたり集中を欠いた状態では、より良く学習が進まないであろうことは想像に難くありません。
　また「創造性と自主性」は、まさに学習の本質そのものです。「創造性」「自主性」のないままの学習は、例えばつるかめ算の解き方を、理解なしに面積図の書き方を丸暗記しているようなものです。暗記している解き方と**全く同じ形式で出題された場合のみ解ける**が、そうでなければ解けないし、解けたとしてもその**後には何も残らない**。解き方を一度でも理解して腑に落としていれば、解き方を忘れたとしてもそれは自分の思考力としてどこかに残り、次の学習への糧となります。

　禅の効用を見てみましょう。

> 教育分野では、アメリカにおいて、日に1～3回、生徒に瞑想を行わせる時間を取り入れている学校があります [中略] 自制心を鍛えることにもつながりますので、遊びたい気持ちを抑えて勉強に集中する準備が整います。その結果、成績の向上がする効果も出ています。（川上全龍　※11）

　はっきりと「成績の向上」という表現がなされています。

> マインドフルネス（気づき）の実践は［中略］集中力、感情を理解する力、健やかな認知理解力、身体への気づき、協調運動能力、人をりかいしコミュニケーションする力、すなわち対人スキルを発達させます。
> さらに重要なこととして、ストレスや不安、怒りを軽減し、心身の健康、安らぎ、自信、そして喜びを強化してくれます。（ティク・ナット・ハン ※12）

「感情を理解する力」はまさに国語力です。人が生きていくのにどうしても必要な力でもあります。「集中力」「認知理解力」「自信」これらは全て、学習になくてはならないものですね。

> マインドフルな状態でいると、能力が向上します。『神経系や脳が発達過程にあり、ストレスの悪影響を敏感に受けやすい子どもに、よい効果がある』との科学的な証拠が増加しているのです。（エリーン・スネル ※2）

また、これはマインドフルネスや瞑想の本ではないのですが、同様のこと述べています。

> 冴えてる自分になりたいと思ったら、脳を休めるといった単純な方法が効果的な場合もあります。
> また、体のケアやストレス緩和のために行うさまざまなことが、じつは意志力の保有量を増やす効果があることがわかりました［中略］エクセサイズや瞑想やヨガをする時間なんてあるわけがない［中略］しかし、じつはそうやって体を動かすことによって、脳や体が最高の自分を引き出せる状態に切り替わることがわかったのです。（ケリー・マクゴニガル ※13）

　Ｐ８～９で述べたように、マインドフルネスの一つの効用は「脳を休めること」でした。「脳を休めること」は「脳や体が最高の自分を引き出せる状態」にすることだと、この本では明記されています。
　脳はほっておくと、自分の意識を離れたところで勝手に動作してしまいます。ある時ムカデが「自分はこのたくさんの足を、ひっかけもせず絡ませもせず、いったいどうやって歩いているのだろう」と考えた瞬間に歩けなくなってしまった、というたとえ話があるように、全ての動作を意識でもって操作することは不可能です。無意識に動かさないと、1

歩前に進むことさえできません。

　だから人間（動物）の脳は、自分が意識しなくともバックグラウンドで動作できるようにプログラムされています。帰り道、考え事をしながら歩いているうちに、気がつくと自分の家の前に着いていた、などということは、多くの人が経験したことがあるでしょう。自分で意識しなくとも、自分の足は家まで送り届けてくれるのです。

　しかし、そういう作用を脳はもっているが故に、ほっておくと、どんどん、どんどん、自分の意識していないバックグラウンドで脳が動いてしまいます。マインドフルネスでは、自分の意識しないところでの脳の働きのことを、ＤＭＮ（デフォルト・モード・ネットワーク　Default Mode Network）とよんでいます。ＤＭＮが働かないともちろん人間は生きていけないのですが、これが働きすぎることが、脳に過剰な負担を与えているのです。

　パソコンで仕事をしているうちに、たくさんのソフトを立ち上げ過ぎていて、動作が遅くなってしまうことがあります。あるいはフリーズして動かなくなってしまったりします。スマホも同じで、アプリを立ち上げ過ぎて多すぎる負荷を与えると、突然シャットダウンしてしまうことがあります。

　これと同じことで、ＤＭＮが限界を超えて働いていると、意識の方が十分に働かなくなる、ということがおきます。あるいは体がしんどくなって、どうにもならなくなってしまいます。現在、いくつかの病気や不定愁訴（原因不明の体調不良）について、ＤＭＮの過剰な活動がその原因ではないかと指摘されています。

　病気などにまで至らなくても、ＤＭＮが過剰に活動すると、意識の活動の方を低下させてしまうことになります。つまり勉強や仕事に悪い影響があるということです。ＤＭＮの活動を必要最小限にするだけで、人間の能力が大幅にアップする可能性があります。

　マインドフルネスの効用の大きな１つは、このＤＭＮの活動を抑えることです。つまりマインドフルネスはそのまま学力の向上にプラスの影響を与えてくれるということに他なりません。

　また学習障害や自閉症の子どもに対して、その問題点を軽減する作用もあるようです。

> 注意欠陥・多動性障がい（ＡＤＨＤ）、自閉症スペクトラム障がい（ＡＳＤ）、失読症の子どもにも適しています。（エリーン・スネル　※2）

> いわゆるＡＤＨＤ（注意欠陥・多動性障害）にもマンドフルネスが有効だという研究結果もある。（久賀谷亮　※4）

　挙げればきりがありません。マインドフルネスは、脳の機能を高めるのです。マインドフルな状態が、子どもの脳、心、発達において、たいへん良い影響を与えることは、お分かり頂けたと思います。

　では、マインドフルでない状態、心が落ち着かない、あるいは脳に余計な負荷がかかったままの状態、つまりストレスフル（stressful）な状態が続くと、どういうことになるのでしょうか。

　現代のストレス社会において、なにもしないでマインドフルな状態になることはほとんどありませんが、ストレスはほっておいても、自分の心身に襲ってきます。ですから、ストレス状態が人にどういう悪影響を与えるかの説明は、ストレス社会の現代人であるみなさまには不要かも知れません。
　念のために挙げておきますと、体に対する影響は、頭痛・腹痛・筋肉痛など体の痛み、疲労感、ジンマシンなど発疹や皮膚疾患、免疫力の低下、食欲不振、不眠、などなど。精神に対する影響は、集中力・やる気・根気・論理的思考力・創造力・直感力などの低下、イライラ、短気、うつ、などなど。どちらも挙げたらきりがありません。
　当然、これらの負の影響は、大人にだけではありません。子供にも悪い影響があります。特に成長期の子供へのストレスは、心身の健全な成長を妨げますし、もちろん学力にも多大なる悪影響を及ぼします。

　ストレスは子供の学力向上の妨げとなります。もちろん生きていくのにストレスゼロという状態はあり得ません。最小限のストレスは許容しないといけないのですが、いらぬストレスは避けてやるべきです。にも関わらず、一部の親は子供に余計なストレスを与えよう、与えようとしているようです。まるでストレスを与えることが、子供の学力を上げると信じているかのように。

> 競争に負けたくないという気持ちほど、我々の脳を疲弊させるものはない
>
> 幸福度を高めた因子は、健康の度合いなどよりはむしろ、人との良好で安定したつながりだったそうじゃ。記憶機能や寿命にもプラスに作用したことがわかっとる。(久賀谷亮 ※4)

　人を助ける・助けてもらう、人に共感する・共感してもらうなど、人と協調することは良い結果を招くということが、科学的に証明されつつあります。反対に敵対、競争することは悪い結果を産むのです。
　進学塾は、同じ教室の隣の席の子と競争させます。私はそのことについて、マインドフルネスとは別の角度からではありますが、警鐘をならし続けてきました。

> 小室博士は、アノミーは『連帯』によって解消されると述べています。ところが進学塾は子どもが大勢集まる場であるのに、子どもたちの『連帯』ができません。なぜなら、進学塾では、隣の席の子どもが、人生を左右する受験のときには敵となるからです。潜在的に敵である人間と『連帯』などできるはずがありません。[中略]多くの進学塾では、毎週あるいは毎月のテストの生徒の順位が公にされます[中略]目に見える形で差をつけるのです。同じ教室で学ぶ生徒同士が、進学塾ではもうすでに敵なのです。(水島 酔 ※14)

　アノミーとは「無連帯」あるいは「無規範」と訳されています。人が人と手を取り合うことができない、共感し助け合うことができないと、たとえ金銭的に恵まれていても社会的地位が高くても、人は良く生きていくことができません。アノミーとは生理的なあるいは心理的な病気ではなく、社会性の病気のことです。それが現在、脳科学の立場から、生理的な機能障害であることが証明されつつあるようです。マインドフルネスは、このような脳の生理機能障害を緩和、治癒する働きがあるものと考えられています。

◆　　◆　　◆　　◆　　◆

　学習というものの要素は、大きく「論理的思考力」と「暗記力」の2つに分けることができます。このいずれにも共通しているのは、「頭の中に保持する能力」です。
　「暗記力」が「頭の中に保持する」作業であることは、言うまでもないことです(短期記憶・

長期記憶などの違いはありますが）。「論理的思考力」も「頭の中に保持する」力を、非常に要求されます。

　例えば演繹的思考は「AならばBである」という命題と「BならばCである」という命題の両方が正しい時、「AならばCである」という結論が導きだされる、といういわゆる「三段論法」がそれです。具体例を挙げると、「ヤマダは１班のメンバーである」「１班のメンバーは全員男子である」→「ヤマダは男子である」などです。

　この論理を考える時、「ヤマダは１班のメンバーである」と「１班のメンバーは全員男子である」との２つの命題の**意味すること**を同時に頭の中に保持しておかなければなりません。これは単純な暗記より、はるかに高度な保持する力を必要とします。

　「ヤマダは１班のメンバーである」「１班のメンバーは全員男子である」に加えて「男子の昼食時間は午後０時３０分からである」という命題を付け加えると、もう小学生ならかなり混乱して、何割かの子供がこれを正確に理解し「ヤマダの昼食時間は午後０時３０分からである」と導くことができなくなります。

　まだこれは３つの命題をその思考の順序に合わせて書きましたが、これらを
「１班のメンバーは全員男子である」
「男子の昼食時間は午後０時３０分からである」
「ヤマダは１班のメンバーである」
とバラバラに書くと、大人でも一瞬戸惑うのではないでしょうか。頭の中に一旦保持して、それを整理して、論理的に考え結論を導く、という大変高度な作業が求められるからです。

　　「タナカは１組だ」
　　「玉入れに参加した者は、えんぴつがもらえる」
　　「１組は玉入れに参加する」

　これを読んで

　　「タナカはえんぴつがもらえる」

という論理的帰結が、すぐに導き出せたでしょうか。大人でもちょっと考えないといけなかったのではないでしょうか。

　マインドフルネスは「ヨーガ・仏教の思想や訓練技法に科学的裏付けがなされたもの」

です。ヨーガ・仏教の瞑想には、頭の中に保持する訓練をする技法もあります。これなどは、明らかに論理的思考を高める学習の訓練として応用することが可能です。

◆　　　　◆　　　　◆　　　　◆　　　　◆

　現在も使われていますが、一時期、特にプロスポーツ選手の間で「ゾーン　Zone」という言葉が流行したことがあります。英語では「フロー　Flow」あるいは「ピークエクスペリエンス　Peak Experience」などとも表現します。いずれも人があることに完全に集中していて、最高度の力を発揮できる状態のことを言います。何をしてもうまくいく、というよりうまくいかない状態が存在できない、とでもいったような状況です。野球なら「球が止まって見える」時のことです。

　オイゲン・ヘリゲルというドイツの哲学者が東北帝国大学に招かれて講師をしている時に、せっかくだから日本の文化を学ぼうと、弓術の名人阿波研造範士に弟子入りします。阿波はヘリゲルに理屈を教えない。「あなたが矢を射るのではない。それが射るのだ。」などという感性的な言葉でヘリゲルに教えるが、ドイツ人ヘリゲルは理屈（論理・言葉）による指導を求めます。

　ある日、どうしても阿波の言うことに納得のできないヘリゲルは、師匠に対して異議を唱えます。阿波は「では、今晩道場に来なさい。」と言います。的など全く見えない暗闇の道場で、阿波は模範射を見せます。

　甲矢（1本目）。パンと、的に当たる音がします。乙矢（2本目）。パン、また的中です。ろうそくを手に、的のところまで確認に行ったヘリゲルは驚きます。1中目はみごと的の真ん中に刺さっていました。そして2中目は、というと、その1中目の矢の筈（矢の後ろの、弦をつがえるところ）を打ち抜いて、1中目の矢を2つに割いて的に中っていた、ということです。

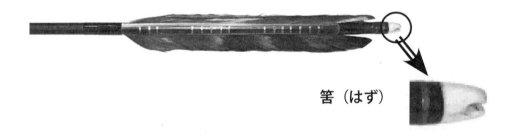

筈（はず）

阿波は言います。「わたしが矢を射たのではありません。それが矢を射たのです。」（※15）

私（水島）が考えるに、阿波は弓を引いている時は常に「Flow フロー」の状態にあったのでしょう。それゆえ、阿波は後世にまで「名人」として、名前が残っているのです。

> 「ボイス」———「直感の声（ボイス）」———は、ゾーンをめぐる謎の中心にあるものだ。フローの経験がある人はみな、このボイスを聞いている。それは、心の中で普通にしているおしゃべりとは違う声だ［中略］「ある動作をしなければならないとき、その直前に、どうすべきかをボイスが教えてくれるんだ。それが間違っていることは絶対にない。ボイスが何かをしろと言ったら、するしかない。そのときは、考えてもいけない。質問もなし。ボイスの言うとおりにしなかったら、死ぬことになる。（ディーン・ポッター ※16）

阿波は「Flow フロー」の状態のことを「それが射る」と表現していますし、冒険家ディーン・ポッターは「ボイスが教えてくれる」と述べました。「それ」も「ボイス」も、心理学者のカール・グスタフ・ユングが「無意識による知覚」（※17）と定義した、高度に研ぎ澄まされた「直感」のことでしょう。

> 集中力が高まると、脳は複数の作業を同時におこなうのをやめる。通常は時間に関する処理に使われているエネルギーは、注意力と意識に再分配される。（スティーヴン・コトラー ※16）

「複数の作業を同時に行う」というのは「ＤＭＮ」のことでしょうし、生死の境目になると脳は自動的に「ＤＭＮ」をオフにして、その分の処理能力を、今必要な方に回すのでしょう。

阿波範士のように、生死の境目にならずとも余分に活動している不要な「ＤＭＮ」を自分の意識においてオフにすることができれば、それだけ脳の機能が高まるということです。マインドフルネスは、それを目指しているのです。

3、マインドフルネスを学習に応用した実例

　マインドフルネスによって、まずは脳の疲れをいやし、脳本来の状態に回復させます。脳が回復するとその分、脳の機能は向上します。そして向上した機能をうまく利用して、学習に生かすことができます。これが学習にマインドフルネスを利用する直接的意味です。
　間接的には、イライラが減少し集中力が高まれば、当然その分学習ははかどります。勉強に対する意欲も高まります。今まで聞けなかったものが聞けるようになり、読めなかったものが読めるようになっていきます。間接的とはいえ、これらも非常に学力を高める要素となります。

■　基本：心を落ち着かせる。集中させる。休ませる。

　まずはマインドフルネスの基本である、「心を落ち着かせる」ことを練習しましょう。

　ヨーガでは「今の自分の体を感じなさい」とよく言われます。

　　「ああ、ひざの裏が伸びているな、縮んでいるな、」
　　「お腹がふくらんで、へこんで、ふくらんで…」
　　「背中がしっかりと、床（ゆか）についている」
　　「手のひらがポカポカと暖かくなってきた」

　自分の体を感じなさいと言われるということは、普段自分の体を感じていない、ということの裏返しです。
　自分は今ここにいるのに、自分の心はここにいない。多くの人はこういう状態にあります。お母さん方でしたら、「今日の晩御飯のおかずは何にしようかしら」、手は他の仕事をしながら、頭は晩御飯のことを考えているというのは、良くあることでしょう。
　例えばスマホでブラウザを立ち上げてどこかのHPを見ていたとしましょう。HPを見ている状態でも、もしメールが届けば「ブルブルブル」、メーラーはメールが届いた処理をして、あなたに知らせてくれます。スマホの画面には出ていなくても、バックグラウンドでメーラーはきちんと仕事をしているのです。

メーラーだけではなく、他の幾つかのアプリを同時に動作させることも可能です。全てのアプリを終了させたとしても、ＯＳ（オペレーションシステム）と言われるものが、常に動作しています。見えないところ（バックグラウンド）で、常に動作しているのですね。

　人間も同じように、自分の意識しないところ（バックグラウンド）で、脳は常に働いています。たとえ眠っていても心臓は動いているし、呼吸も止まりません。これらはＯＳのようなものです。常に動いてくれていないと、人は死んでしまいます。

　スマホやパソコンで、「フリーズ」した、という経験のある方はいらっしゃいますか。普通は止まらないはずのスマホやパソコンが、突然画面がかたまって動作しなくなったり、電源が落ちてしまったりするようなことがあります。そのスマホやパソコンが処理しきれないだけの多くの情報が入ってくると、突然止まってしまうのです。

　人間も同じで、処理しきれない情報が与えられると、脳がパニックを起こしてフリーズしてしまいます。あるいはフリーズまで行かなくても、非常に疲れる、体がだるい・痛い、異常に眠い、などの症状が現れることがあります。

　高度な機能を持ったが故に、人間の脳は非常に多くの複数処理を、同時に行うことができます。そしてそれは「無意識」に行われるので、人間の意識では制御できないという欠点が生じてしまっています。

　生物なら、心拍や呼吸のように、生きていくために最低限の処理は行わないといけません。これはどうしても止めることができません。しかしそれ以外の余分な情報処理はできるだけ少ない方が、脳に負担をかけないのです。

　現代人の疲れは、この「脳に過大な処理をさせていること」が原因であることも多いようです。

　この「無意識にバックグラウンドで行われている脳の余分な作業」を減らすこと。これがマインドフルネスの基本目標の一つです。

　無意識にバックグラウンドで行われている脳の余分な作業を減らすためには、今ここに意識を集中することが良いのです。ヨーガも禅も、今ここに意識を集中させる、という訓練を行います。

◆　姿勢

　ヨーガや禅では、板の間や畳の上に座って行いますが、ここでは椅子に座っていただいても結構です。大切なのは「無理をしない」ことです。座禅のように脚を組んで行っても、

無理をして脚が痛くて集中できないのなら、それはかえって良くないことです。
　椅子でも正座でも、座禅のように脚を組ん（結跏趺坐）でも構いません。ポイントは背中を伸ばすことです。背筋を伸ばしますが、余分な力は入らないようにしましょう。頭を上から引っ張られているように、すーっと上に伸ばします。

　椅子の場合、背もたれから少し離れて座ります。足首も膝も腰も直角になるように、椅子の高さは調節しましょう。

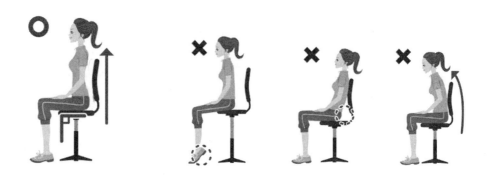

　弓道では、体が前であれ後ろであれ右であれ左であれ、傾いているようでは的中はおぼつきません。必ず背筋をまっすぐに伸ばすように指導しますが、その時に「頭頂が天から引っ張られているように」とイメージします。あるいは実際に指導者が頭頂の髪の毛を少しつまんで軽く上に引き、どういう状態が「まっすぐ」なのかを体で教えたりもします。

　背筋はまっすぐに伸びていながら、体に余分な力が入っていないことも重要です。
　ヨーガでは「屍のポーズ（シャヴァ・アーサナ）」というものがあります（P３１参照）。これは「完全弛緩のポーズ」とも言って、仰向きに寝て全身の力を抜くアーサナ（体位・ポーズ）です。
　一見すると床に横たわっているだけなので、アクロバティックな体位（アーサナ）に比べるとはるかにやさしそうに見えますが、決してそうではありません。意識して力を入れる、あるいは体を動かすという作業は比較的簡単なのですが、意識して力を抜く、あるいは意識して体を動かさないという作業は、一筋縄ではいきません。自分では全身くまなく力を抜いているように思えてても抜けていないもので、はっと気がつくと眉間にしわが寄っているとか、肩に力が入っているとかいうことは、よくあることです。指先から頭の先、顔の筋肉まで弛緩させるというのは、かなり難しいものです。
　「…でない」という状態を意識して作るのは難しいものです。そこで余分な力を抜く方

法の一つとして、いったんわざと力を入れてみる、という方法があります。

　例えば手の指の力を抜こうと考えた場合、いったん掌をぎゅっと握って指の隅々にまで力を入れます。そして、ふっと力を抜いて手が軽く開いた状態にし、緩んだ状態を確認します。普段から意識して動かすことの多い指や手足は、意識して緩めるのも比較的やさしいのですが、先に申しました「顔」や「首筋」、「背中」「お腹」など普段から意識して動かすことの少ない部分については、なかなか力を抜くといっても、うまくできていないことが多いのです。無意識のうちに突っ張っていたりぎゅっとしていたりしますので、なかなか自分で気がつきません。そこであえて、いったん「顔」をぎゅっとしかめてみて、それからふっと力を抜く。背中や首をぎゅーっと縮こまらせて、そしてふっと緩める。こうしてみると、緩めるということがどういうことが体で感じられ、自分がいかに余計なところに力を入れていたかがわかるものです。ですから、緩めることが主眼であるヨーガの「シャヴァ・アーサナ」は、見かけよりずっと難しいアーサナなのです。ヨーガの指導者（グールー）の多くは、だから、この「シャヴァ・アーサナ」を重視しています。

　座った状態で、背中はしゃんと伸ばし、それでいて全身の無駄な力は抜く。難しいことですが、努力して少しずつできるようにしましょう。

◆　ラベリング（Labeling Thoughts）
　マインドフルネスの「ラベリング」の一つに、自分の呼吸を「１つ、２つ…」と数えるという方法があります（Breath-Labeling and Counting）。これはヨーガ・仏教の修行においては「数息観（すそくかん）」と呼ばれるものです。
　自分の息の動きに集中することで、意識をこちらに呼び戻し、バックグラウンドで働いていた無駄な脳の動きを止めるのです。

　　方法１、落ち着いて座れたら、自分の呼吸に意識を集中します。まず吐く息で「ひとーつ（１つ）」と数えます。次に吸う息で「ふたーつ（２つ）」と数えます。また吐く息で「みーっつ（３つ）」、吸う息で「よーっつ（４つ）」と数えていき、「ここのつ（９つ）」「とーお（１０）」まで数えたら、また１に戻って「ひとーつ」と数えます。

方法２、吐く息で「ひとーつ」、次の吐く息で「ふたーつ」と、方法１とはちがって、吐く息だけを数えます。同じく「とーお」まで数えたら、「ひとーつ」にもどります。

　初心者は「方法１」の方がやりやすいようです。より深く集中するには「方法２」の方が良いと言われています。

　息は、意識して吐いたり吸ったりするのではなく、自然のままの息をただ数える、というのがよいのです。私のヨーガの師匠である井上信男先生は、「息を吸う」ではなく「息を入れる」とおっしゃいます。息を吐くと今度は自然に息が「入ってくる」のですね。その感覚がいいのだと思います。
　数を数える初めが「吸う息」からではなく「吐く息」から始めるのも、まず息を出したあとに自然に空気が入ってくる、という考え方からなのだと思います。実際、息をすることを「呼吸」と書きますが、これを訓読すると「吸うを呼ぶ」となります。

　「ひとーつ」「ふたーつ」と数えていると、かぞえている数以外のことが、無意識に頭に浮かんできます。いわゆる「雑念」というものです。いかに人間が一つのことに集中するのが難しいか、よく自覚できます。
　私たち一般人は、この「雑念」をなくすことはできません。雑念が浮かんだことに気がついたら、頭の中からそれを排除するのではなく、それを頭の隅にそっと置いておくようにします。頭の隅にそっと置いておくと、いつの間にかそれが気にならなくなります。雑念とは戦わずに「共存」するようにします。

　また、「ひとーつ」「ふたーつ」と数えているうちに「とーお」を超えて「じゅういち」「じゅうに」と数えてしまっている場合があります。その時はあわてて「ひとーつ」にもどらないで、一区切りつく「にじゅーう」まで数えてから「ひとーつ」にもどりましょう。数を正しく数えることそのものが目的ではなく、自分の心を集中する、あるいはよそにそれてしまった心をまた呼び戻す、という作業ですから、「ああ、いま、心がそれていたな」と気付くことが重要なのです。

　呼吸に意識を集中する、というのは、最も基本の瞑想です。ラベリング＝数息観では息を「ひとーつ」「ふたーつ」と数えますが、数えなくても自分の息に集中するだけでもいいのです。そういう方法もあります。

普通、呼吸は鼻で行っていますね。風邪や花粉症などで鼻づまりの人は、さきにそれを緩和してから、これらの呼吸法に臨みましょう。（ヨーガには、鼻づまりを軽減させる呼吸法もあります）

　鼻で吐いて鼻で吸います。あるいは吐く時は口からでという方法もあります。口で吐いて鼻で吸います。

◆　数を数えない呼吸

　自分の鼻に意識を集中させましょう。そして鼻を息がとおってゆく、その感覚に集中します。

　呼吸は自然に行われていますか。意識して吸ったり吐いたりしないように自然に任せて、自分はただその出入りを**感じること**に集中します。

　鼻の頭に、一切れの小さな羽毛がついていると想像しましょう。息をすることによって、羽毛が少しゆれますね。でも勢いで飛んでいってしまうほど強い呼吸にならないように注意しましょう。静かにゆっくりと呼吸をするように心がけます。

　これを３分なら３分、５分なら５分と決めて行います。時計を見ながらですと意識が散漫になってしまいますので、おうちの方が時間を計って声をかけてあげるか、子ども１人でやるのであれば、タイマーなどで計ると良いでしょう。

　（ヨーガでは吐く息、吸う息の長さまでを意図的に調節することもあります。また「バンダ」といって、体の様々な部分を「締める」アーサナがあり、その一環で下腹部を締めたり、喉を締めたりして、息を止める練習もします。実はひとことに呼吸といっても、そこには様々なバリエーションががあります。興味のある方はぜひプロの指導者について学んでみて下さい。）

◆　ブリージング・スペース（Breathing Space Practice）

　これは先の「呼吸法」の応用といってもいいし、臨済宗の白隠禅師が伝えた「軟酥の法」の変形といっても良いものです。いわゆる「内観（自分を心身を観察する瞑想）」の一つなのですが、マインドフルネスでは「Breathing（呼吸）スペース」という名称で、体の各部分を意識するために、自分の体の中に自分の息を吹き込むというイメージを持ちます。

まずはラベリング（数息観）などによって、気持ちを落ち着けます。
　体の緊張や不快感のある部分に向かって、自分の吐く息をその部分に向かって流し込むように息を送り込むというイメージで息を吐きます。ゆっくりとやわらかく風船をふくらますように、体の不快な部分に息を送り込みます。息が入るたびに、まるでその息が体の不調を吹き流してくれるかのように、その部分の緊張や痛みが軽減するようイメージします。

　禅における「軟酥の法」では、「軟酥」というバターのようにやわらかな仮想の練り薬を鶏卵大に丸めて、頭の上に置くところから始めます。朝日が昇りその穏やかな光と熱によって、軟酥がさらに柔らかくなって、少しずつ溶けてきます。それが体の中にしみ込んで、全身の毒を洗い流すように、体を流れてゆくとイメージします。
　自分の息なのか軟酥という薬なのかというイメージのちがいはありますが、ほぼ同じものだと考えていいでしょう。

　「手当て」という言葉があります。病気やけがの治療のことを指しますが、語源はその字が表すように「手を当てること」です。
　人は、お腹が痛いと、無意識にお腹に手を当てます。頭が痛いと頭に手をやります。足がだるいとそこに手をもっていって、押したりもんだり無意識にしています。体の痛みや不愉快な部分に、人は無意識に自分で自分の手を当てています。
　自分の子供が「お腹が痛い」というと、お母さんはその子のお腹に手を当ててやりますね。足がだるいと言えば、足をさすってやりますね。
　このように自分自身でも他の人にでも、体の不具合に対して、「手当て」をします。それは誰かに教わったものではなく、自然にそうしますよね。そうすることによって、体の痛みやだるさ、不愉快感が軽減されることを知っているからです。
　手を当てると、当てた部分に意識が行きます。それは「ブリージング・スペース」あるいは「軟酥の法」行っていることと同じです。体の不調に意識が向き、体がそれを改善しようと働き始めるのでしょう。
　体の不調がなくても、お互いに手をつなぐ、肌に触れる、抱き合う（ハグする）というのは、とても気持ちの良いことですね。お互いに触れ合うことは、人の心にとって、とても良いことなのです。

　いかなる瞑想法でも「呼吸」を重視しない瞑想法はありません。どうして「呼吸」に意

識を当てるのでしょうか。私見ですが、おそらく次のようなことが理由だと考えられます。

　手足の筋肉は「随意筋（ずいいきん）」といって、自分の意志で動かしたり止めたりすることができます。それは言い換えれば、自分で動かそうと思わない限り動かないということです。また、心臓を作っている筋肉「心筋」は「不随意筋（ふずいいきん）」と言って、人間の意志で自由に動かしたり止めたりすることができません。動かそうという意志がなくても動くということです。そうでないと困りますよね。手足は眠っている時には動かなくてもいいが、心臓は眠っているからといって止まってしまうと、死んでしまいます。

　呼吸をする時に肺を拡張させたり縮小させたりする呼吸筋は、いずれも「随意筋」です。ですから、ゆっくりも速くも、深くも浅くも、また少しなら止めることも自由にできます。でも呼吸は命の根幹を担っていますから、心臓と同じように眠っているからといって止まってしまっては困ります。呼吸筋は随意筋ですが、眠っている間も止まることがありません。

　これらは自律神経の働きによるものです。呼吸筋は眠っている間も無意識に動いてくれていますが、意識して動かすこともできます。呼吸は随意筋の働きでありながら多くの場合無意識に動いているので、心臓の働きと手足の働きとのちょうど中間のような働きをしています。

　ですから「呼吸」に意識を置くことは、本来無意識に動いている部分を意識の上にあげることで、それが「意識によって、無意識をコントロールする訓練」になっているのではないかと、私は考えているのです。

◆　シャヴァ・アーサナ（屍のポーズ　完全弛緩のポーズ）

　仰向きになって横たわりましょう。手のひらは上に向けて、肩幅より開きます。足も少し間をあけて、楽な形にします。

　全身の力を抜くことが、このアーサナのポイントです。足の指先、指、足首、ふくらはぎ、ひざ、ふともも、腰、背中、肩、手の指先、指、手首、ひじ、肩、首筋、口周り、ほほ、目、まゆげ、眉間、というように、全身の各部に注目して、それぞれ力を抜くように心がけます。

　はたして本当に力が抜けているかどうかわからない時は、一度力を入れてから力を抜くようにします。手足は比較的力の入り具合に気づきやすいのですが、普段意識して動かさない背中、肩、首筋、顔などの筋肉は、無意識に力が入っていることが良くあります。一旦意識して力を入れてみて、それからフッと力を抜くようにしましょう。

おうちの方が子供さんの体に触れてみて、力が抜けているかどうか確認してあげてください。お母さん（お父さん）も一緒になさって、お互いに体の力が抜けているか確認しあうのもいいでしょう。

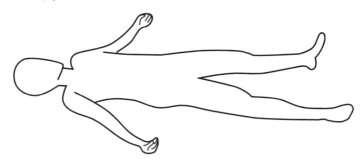

■　応用：学力を向上させる

　ラベリングやブリージングスペースの練習によって、自分の内側を見つめられるようになってきたら、それを学習に応用しましょう。集中力が高まった状態で行う学習法ですから、その効果は非常に高いと言えます。

　マインドフルネス（ヨーガ・仏教の修行）は、脳の機能を高める訓練とも言えます。体の力を抜くといっても簡単に抜けないように、自分の体でありながら自分の思うように動かせないのが人間です。脳も同じで、自分の脳でありながら、自分でコントロールができない。人間ってのは自分の感情一つ自分ではコントロールできない生き物です。それを訓練して自己コントロールできるよう努力するのがマインドフルネスの目標の一つなのです。
　勉強とは、覚えること・理解すること・創造することなどなどです。これらはまさに脳の機能に他なりません。脳の機能を鍛えることがそのまま学力の向上につながります。つまりマインドフルネスは、「心の安定」だとか「集中」だとかいった間接的なだけでなく、直接的に学力を上げるということです。

◆　マインドフルネス学習法（MBLM ※）1　暗算
　　　　　　　　　　　　　　　（※：Mindfulness-based Learning Method）
　1、ラベリング（数息観）などで、まず心を落ち着かせます。よそ見をしていた

心をこちらに取り戻します。

２、目を閉じた状態で、自分でルールを決めて暗算をします。例えば「１」からスタートして、「１、２、４、８、１６、３２、６４、１２８…」のように、2倍、2倍としてゆくというルールで、頭の中で計算します。

同じ計算を何日も練習して慣れてくると「…２０４８、４０９６、８１９２、１６３８４、３２７６８…」と増やしていくことができるようになります。
また「１＋**2**＝３、３＋**3**＝６、６＋**4**＝１０、１０＋**5**＝１５…」のように、自然数を小さいものから順に足していく、などの方法もいいでしょう。たし算・ひき算・かけ算、なんでもいいでしょう。

◆　マインドフルネス学習法（MBLM）２　細部の 瞑 想 観察

普段使っているものでも、実はよく知っていないままに使っています。身近にあるものでも、目を閉じてそれがどんな色だったか、形だったかを思い出そうとしても、よく思い出せないことが多いものです。いかにきちんと見ていないかがわかります。ものをしっかりと観察する訓練をしましょう。

１、ラベリング（数息観）などで、まず心を落ち着かせます。よそ見をしていた心をこちらに取り戻します。

２、目を閉じた状態で、身近にある、毎日使うようなものを１つ、頭にイメージします。自分の持っているカバンとか毎日使うシャープペンシルとかです。（ここでは事務用のテープカッターを用意しました）

３、頭にイメージしたもの（ここではテープカッター）の細部を、頭の中で思い出してみます。前から見たところ、後ろから見たところ、右から、左から、などなど、細部をなぞるように思い出してみます。
できるだけ、詳しく思い出すように努力します。

4、どうしても思い出せないところが、何か所もあったと思います。頭の中でしばらく観察して、自分のできる限り思い出す努力をしたら、いったん目を開きましょう。

5、目を開いて、いま頭に思い浮かべていたものの「本物」を用意して、目でよく観察しましょう。特に先ほど自分が思い浮かべられなかった部分については、詳しく観察しましょう。自分で思い浮かべられたところでも、本物を見ると、おそらくちがっていた部分がたくさんあると思います。それも正しく見直して、頭の中を修正しましょう。

6、もう一度目を閉じて、先の「1」～「3」をやってみましょう。

◆ マインドフルネス学習法（MBLM）3　同類の 瞑 想 観察（マインドフルネス）

　1、ラベリング（数息観）などで、まず心を落ち着かせます。よそ見をしていた心をこちらに取り戻します。

　2、目を閉じた状態で、何か1つものを思い浮かべましょう。ここでは「試験管」を思い浮かべてみます。

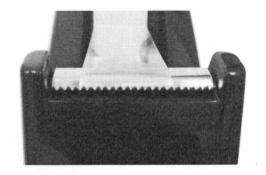

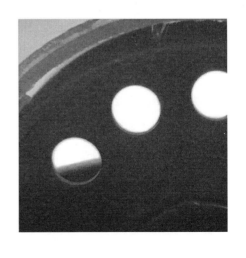

目を閉じたまま
頭に絵を描くように
細部を思い出してみましょう

3、まず、「試験管」を頭の真ん中に置きます。そして、その周りに同じ「理科実験器具」であるいろいろなものを思い出して、「試験管」のまわりにならべてゆきましょう。

4、「上ざらてんびん」「温度計」「メスシリンダー」などなど、きるだけたくさんの「理科実験器具」を思い出し、最初に置いた「試験管」の周りにならべてゆきます。

5、もう限界だ、と思うまで、がんばって思い出し、頭の中に並べてみましょう。

　テーマは何でもかまいません。たとえば「教室にあるもの」とテーマを決めたら、「机」「いす」「黒板」「ロッカー」など、頭の中にならべていきます。
　テーマの内容によっては、そのまま勉強につながります。たとえば「将軍の名前」だとか「平野の名前」だとかすると、社会の勉強になりますし、「昆虫の名前」「人体の器官の名称」などとすると、理科の勉強になります。
　テーマをいろいろ変えて、例えば週に1回など練習するようにすると、集中力も直接の学力も、たいへんよく上がります。

◆　マインドフルネス学習法（MBLM）4　覚える
　おうちの方が手伝ってあげてください。始める前に、おうちの方が、9つの言葉を考えて、メモして準備しておいてください（子供にはメモの内容は教えない）。

　　準備、この練習を始める前におうちの方が、9つの言葉を考えて、メモしておきます。この訓練に慣れていない間は、9つの言葉は、それぞれできるだけ関連性の薄いものにします。「えんぴつ、ボールペン、サインペン、マーカー…」など関連性の高いものにすると、その区別がつきにくく、覚えにくいという欠点があるからです。また、できるだけ具体的な言葉、子どもが実際に持っているもの、見たことがあるもの、明確に絵で表せるもの、などにしてあげてください。

　1、ラベリング（数息観）などで、まず心を落ち着かせます。よそ見をしていた心をこちらに取り戻します。

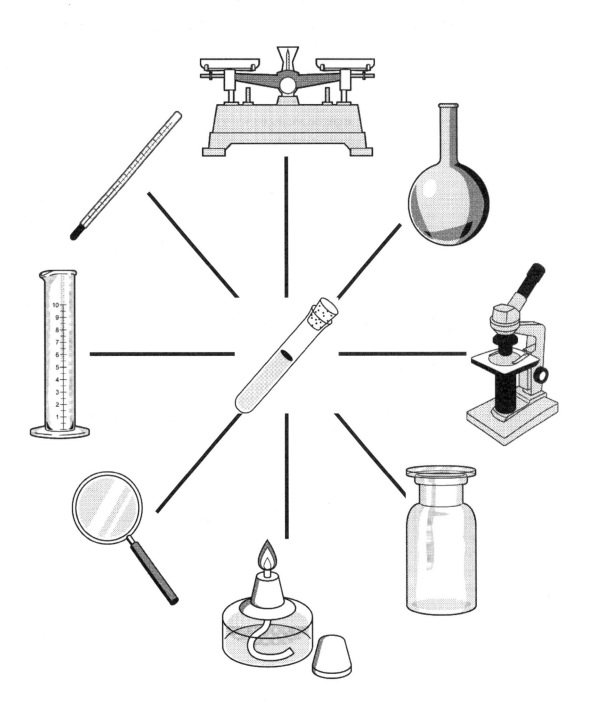

2、頭の中にたて3、よこ3の引き出しを描きます。引き出しには1～9の番号がついています。自分で適当に引き出しの様子を考えても良いし、例えば自分の学習机など、実際にある引き出しを想像して応用しても構いません。できるだけ具体的な絵を描くように努力します。

3、引き出しの絵が頭に描けたら、おうちの方が先にメモしておいた9つの言葉を、ゆっくり順に言っていきます。子どもは聞いた言葉を、頭に描いた引き出しにしまっていくとイメージします。

「今からいくつかの言葉をいいます。それを頭の中の引き出しにしまっていきましょう。
1、地球儀　　2、鉛筆削り　　3、富士山　　4、めがね　　5、とびばこ
6、新幹線　　7、プール　　8、東京スカイツリー　　9、パソコン

もう一度言いますね。1、地球儀　　2、鉛筆削り　…　9、パソコン」

4、一呼吸おいてから

「では1から順に1つずつ引き出しを開けて、その中のものの名前を言ってごらん」

子供は、1番から順に、引き出しの中のものの名前を言っていきます。あるいは目を開けてから、1番から順に、ことばで紙に書かせてもよろしい。

　覚えていないことが悪いことではありません。しっかりと頭の中に絵を描くことが第一の目標です。9つ覚えるのがまだまだ難しいようであれば、引き出しの数をもっと減らして、やってみて下さい。

　9つぐらいの数のモノが楽に覚えられるようになれば（頭の中に絵を描けるようになれば）、引き出しの数を例えば12こに増やして、挑戦してみてください。

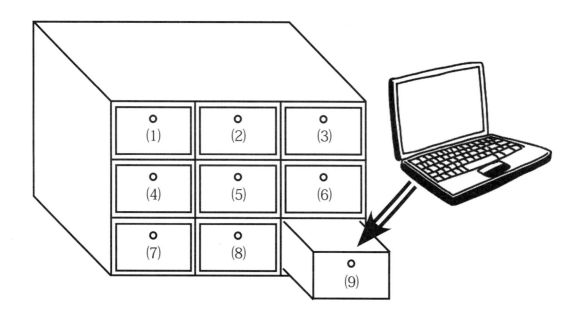

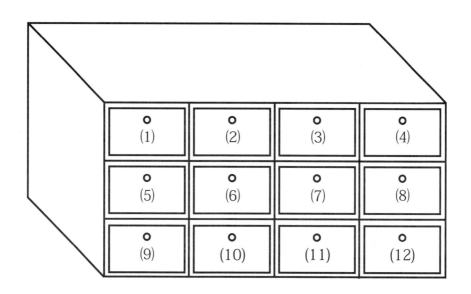

◆　マインドフルネス学習法（MBLM）5　描く

　有名なキャラクターやマンガに登場する人物などを、頭の中にではなく実際に絵に描いてみましょう。

　　1、例えばサンリオの有名なキャラクター「キティちゃん」を、まずは何も見ないで自分の記憶だけで描いてみます。

　　2、描けたら、本物の正しい「キティちゃん」を見てみます。

　　3、似ていましたか、あまり似ていませんでしたか。似ている似ていないは問題ではありません。一所懸命思い出そうとしたかどうか、ということが重要です。

　　4、正しい「キティちゃん」を、しっかりとながめます。頭に焼き付けるように意識します。

　　5、正しい「キティちゃん」を伏せて見えないようにして（先ほど自分が描いたキティちゃんも見えないようにして）、もう一度「キティちゃん」を描いてみます。1回目より、うまく描けましたか。

　自分の知っているキャラクターなら、なんでもかまいません。キャラクターでなくても、自分の持っているモノ、例えばふでばことか勉強机とか、なんでも構いません。絵の得意な人なら、もっと複雑な絵、例えば窓から見える景色や雑誌で見た写真などを題材にしてもいいでしょう。

4、おうちでできるマインドフルネス

　マインドフルネスとは、散漫になっている意識を集中させることと言ってもかまいません。意識を集中させることとは、「しっかり感じ取ること」と言い換えることもできます。例えば「ラベリング（数息観）」は、自分の息を「しっかりと感じ取ること」でもあります。
　ここでは、さまざまなものを題材にして、「しっかりと感じ取る」練習をしてみましょう。おうちの方も一緒になさると良いと思います。子どもさんと一緒に楽しんでなさってみてください。

◆　レーズンエクセサイズ
　これは、マインドフルネスの世界では、定番のエクセサイズです。

　まず、「ラベリング＝数息観」で心を落ち着けましょう。以下、全てのエクセサイズで、最初に「ラベリング＝数息観」をするようにしましょう。

　目を閉じたまま子供に手を出させて、それが何かを言わずに手のひらにレーズンを一粒のせます。おうちの方は、次のように指示を与えてください。

　　　「つまんでごらん。どんな感じかな。やわらかい？かたい？暖かい？冷たい？感じたことを言ってみましょう。」
　　　「匂いをかいでみましょう。どんなにおいですか。何に似ていますか。甘い？すっぱい？」
　　　「食べ物です。口に入れてみましょう。どんな味がするかな。甘い？からい？苦い？酸っぱい？　舌触り、歯ごたえは？つるつる？ざらざら？」
　　　「口の中はどんな感じになった？つば（唾液）は出てくる？頬は？舌は？」
　　　「飲み込んでみよう。喉を通る時の感じは？味は変わった？」

　レーズン１粒を、五感をフルに使って感じ取ります。自分の意識を全てそこに注ぎ込むことが、マインドフルネスのポイントです。

もちろん題材はレーズンでなくてもけっこうです。梅干しでも塩こんぶでも、おうちにある食べもの何でも「レーズンエクセサイズ」として利用することができます。いろいろ試してみてください。

◆　重さを当てる

　秤(はかり)を用意してください。料理などの時に使う数１００ｇ～１kg ぐらいまでの秤で結構です。

　身近なものを手で持ってみて、それが何ｇか当ててみましょう。最初は直感でも、何度もやっているうちに、かなり正確な重さを当てられるようになります。

　持ち上げて、軽く上下させたり、左右に振ったりして、体で重さを感じましょう。ものを持って、しっかりと重さを感じることがマインドフルネスの訓練そのものになります。

　ご家族みなさんで、同じモノの重さの当てっこをするのも、おもしろいでしょう。本物にどれだけ近いか、例えば１ｇを１点として計算してもゲームになります。

◆　おはじきの数を当てる

　おはじきや碁石などがあれば、それを利用してください。

　目をつぶって、おはじきを一握りつかみます。そしてその中にいくつのおはじきがあるか、直感で当てます。

　これも「重さを当てる」と同じように、何度か繰り返していると、かなり正確に当てられるようになります。「重さを当てる」よりやさしいかも知れません。

　おはじきなどがない場合は、本を使って「ページを当てる」練習もいいでしょう。最初に「××ページ」と宣言しておいて、目をつぶって手だけで感じながら、意識を集中してその宣言したページを開くようにします。

◆　自分の体を感じる

　昔からある瞑想の方法の一つで、有名な自律訓練法でもあります。ラベリング＝数息観で心が落ち着いたら、自分の手に意識を集中してみましょう。

　ひざ（腿(もも)）の上に置いた手の重さを感じてみます。自分の手がひざ（腿）の上に乗っていますが、それがだんだん下に沈んでいくような、そんな重さを感じましょう。手には力

を入れず（下に押したりせず）心の中で、だんだん手が重くなるような意識を持ちます。手の力が抜けて、だんだん重くなると想像します。心の中で「手の力が抜けてくる、抜けてくる」「手が重くなる、どんどん重くなる」と言葉で唱えるのもいいでしょう。

　ずっしりと重いようなだるいような感覚がつかめてきたら、今度は手が暖かくなるようなイメージをしてみましょう。心の中で「手が暖かくなる。ぽかぽか、ポカポカ、暖かくなる」と唱えてみましょう。

　元々手の冷たい人は、なかなか暖かくならないものです。本当に暖かくならなくても「暖かいような気がする」だけでも最初はいいのです。繰り返し練習しているうちに、だんだん暖かい感覚がつかめてき、いずれ本当に手が暖かくなるようになります。

　体の一か所に集中して感じられるようになったら、今度は全身をくまなくスキャンしてみましょう。

　頭の先から順に意識を体の部分部分に向けていきます。その時、たとえば「首筋がこっている」や「胃が少し重い」などに気づけることが大切です。もちろん「ああ頭がすっきりしているなあ」「足の裏がポカポカして気持ちがいいなあ」など気持ちのいいことが感じられる状態だと、素晴らしいことです。

◆　ブリージング・スペース　軟酥（なんそ）の法

　Ｐ２９でも書きましたが、おうちで実践できるように、もう少しだけ詳しく書いてみましょう。

　頭が痛い、背中がだるい、など、体の不調があるときに、この方法はそれを改善する手助けとなってくれます。体の不調がなくても、もちろんやっていただいて結構です。

　ブリージング・スペースでは、まず、ラベリング＝数息観で自分の呼吸に気持ちを向けます。心が落ち着いてきたら、自分の体の不調を感じるところに、呼吸している自分の息をふーっと流し込むように意識します。吐く息を自分の体の中に、そっと、吹き込むのです。もちろん実際に自分の息を当てるのではなく、そうイメージして呼吸をします。そうすることによって、体の一部に自分の意識を集中することができるのですね。

　体の不調がある時は、息を吹き込むと同時に、その息が不調を流し去ってくれるようにイメージします。

　頭痛があるときは、まずその頭痛が頭のどの辺りにあるかしっかりと自分で確認します。次にその痛みが「ズキズキ」なのか「ガンガン」なのか「ギリギリ」なのか、痛みを質を

できるだけくわしく感じ取ります。

　自分の頭痛をしっかりと感じ取ったら、その痛みの部分に自分の息をそっと吹き込むようにイメージして呼吸をします。吐く時にふー、吐く時にふー、と痛みの部分に息を吹き込みます。同時に、その吹き込んだ息が、頭の中にある痛みを取って、頭の外へ流れていくように意識をします。ふーっと吹き込んだ息が、頭痛をさらって、体の外へ出て行きます。

　軟酥の法では、息ではなく、「軟酥」という万能薬が体に染み渡るようなイメージを意識します。

　まず、ラベリング＝数息観で心を落ち着けます。

　頭の上に、鶏卵ほどの大きさの「軟酥」という薬がのっているとイメージします。軟酥はあらゆる病気に効く薬で、とても清らかでえも言われぬいい匂いがします。軟酥はバターのような練り薬で、頭の上に置くと、あなたの体温で少しずつ溶け始めます。

　溶けた軟酥は、あなたの頭に染み込んで隅々に行き渡ります。そして少しずつ下へと流れていきます。

　軟酥は体に染み渡り下へ流れていきながら、あなたの体の不調を全て取り去っていきます。

　頭痛がする人なら、ブリージング・スペースの時と同じように、その場所や頭痛の質をしっかりと感じ取ってから、その場所に特に軟酥が集中するようにイメージします。軟酥は、人間の体の悪いところに集まる性質があると思いましょう。そして痛みを取り去りながら少しずつ少しずつ、下へと流れていきます。

　頭の中いっぱいに満たされた軟酥は、少しずつ首から肩、胸の方へ流れていきます。肩こりがあれば、そこに軟酥はたくさん流れ込んでいきます。そうして肩こりを洗い流しながらまた少しずつ下へと流れていきます。胸から腹へ、そして腰、臀部、太もも、膝、ふくらはぎ、足首、そしてかかとから足の先まで、隅々まで軟酥は流れ込んでいき、不調がある時はその不調を取り去って、すっかりきれいにして流れていきます。

　そうして、全身をくまなく流れた軟酥は、体の下から出て行き、また元の卵の形の練り薬に戻ります。次回のために、大事に置いておきましょう。

　（「軟酥の法」はもっと高度な瞑想法で、その技術はここで簡単に書けるものではありません。もし真剣に学んでみたいと思われたなら、ヨーガや禅などの専門の指導者についてください。特に心の問題をもっていてその緩和に応用したいとお考えの場合、これは素晴らしい方法ではありますが、必ず専門家のアドバイスの下に行ってください。）

　（また、ブリージング・スペースも軟酥の法も、それによって痛みや体調不良の改善を

保証するものではありません。改善しない場合は、お医者様など専門家の判断を仰いで下さい。)

◆ 風を感じる

　窓を開けた時、外へ出た時、その日その時の風を感じてみましょう。学校へ行くのに毎日当たり前のように家を出て行きますが、その時、ちょっと立ち止まって深く息を吸い込んで、ああ今日は爽やかだな、今日は湿っていて蒸し暑そうだな、などと、その日の風を感じるようにしてみましょう。

　あるいは、歩いている時に伝わってくる地面の様子を、足の裏に感じてみましょう。靴底を通してでも、アスファルト、タイル、土、草などその違いがわかります。おそらくそんなこと気にもしないで普段歩いていますが、少しだけ足の裏に意識をおいて、その土や石の様子を感じてみましょう。

　もし安全ならば、裸足で歩いてみましょう。たとえば海に行った時に、砂浜を裸足で歩くと、とても気持ちがいいものです。足の裏の肌から直接感じるのは、普段あまり意識しない足の裏の感覚を使うことですから、とても良い脳への刺激になります。

　「砂療法」と呼ばれる自然療法があります（東城百合子　※18）。それによると、砂や土は体の毒素を吸ってくれるそうです。裸足で歩くと、心はMindful に、体はHealthfulになるでしょう。

◆ 森の音を聞く

　人間の耳で聞こえる音の高さの範囲は、周波数でいうと２０Hzから２０kHz（２００００Hz）と言われています。およそ９～１０オクターブの幅です。これはあくまでも理論値であって、実際は個体差もありますし年齢にもよりますし、普通はこれより少ない範囲です。

　私は以前、ある音楽の録音スタジオで、１６kHz（１６０００Hz）の音を聞かせてもらったことがあります。高い音を言葉で表現するとき「キーン」というような擬声語で表すことが多いのですが、１６kHzというと、「キーン」を通り越して「シーー」という感じの音です。音量（音圧）を上げてもらっても、微かにしか聞こえません。

　意識では２０Hz～２０kHzの音しか聞こえていないが、しかし脳はその上下の周波数

の音も実は聞き取っているのだ、という説があります。だからデジタル処理によって２０Hz～２０kHzの範囲しか録音されていないＣＤよりも、アナログのレコードの方が音がいいのだ、と言う人もいます。いやいや、仮にアナログレコードならば２０Hz～２０kHzの幅を超える音が録音されていたとしても、それを再生するスピーカーにそれだけの高音、低音を再生するだけの能力がないから、どうしたって２０Hz～２０kHzの幅を超えるような音は、聞こえていないのだ、という説もあります。

　そういう人工的なものでは、確かに限界があるでしょう。しかし、自然界には人間が聞こえないとされる音域の音が、大量に含まれています。それは人工物の多い都会より、山や海など、自然に囲まれたところの方が、周波数のバリエーションに富んでいると言われています。

　自然の中に入ると、もしかしたら人間の耳では聞こえない音が、体では感じられているのかもしれません。森に入って、海に向かって、全身で耳を傾けてみましょう。１つのことに意識をむけて集中する。それがマインドフルネスなのです。

◆　アロマテラピー　お香

　五感、六感、これらは全て自分の心を自分に取り戻す手助けとなります。匂いに集中することもとてもマインドフルなのです。お母さまがアロマテラピーをなさっている、お香をよく知っているなどでいらっしゃったら、子どもさんと一緒にその匂いに包まれるのもいいでしょう。もし今までそういう趣味をもたなかった方でも、新たに始められると知らない世界を知ることができるようになるでしょう。

　知らない世界に至ることは、マインドフルなことなのです。

◆　植物に触れる　動物に触れる

　犬や猫などを飼っていらっしゃる方はもう十分ご存じだと思います。動物に触れることは、とてもマインドフルです。可愛がっている動物と触れること、目があうことによって「オキシトシン」というホルモンがでると言われています。オキシトシンは「幸せホルモン」とも言われていて、その名のごとく、人を幸せにしてくれるホルモンです。

　植物に触れることも、大変マインドフルです。花を見るだけで気持ちが穏やかになりませんか。例えば大きな木に抱きついてみると、自分の人生の何倍もの時間を生きてきたそ

の生命力が伝わって来て、もし悩み事があったとしても、それがとても小さなことのように思えてきて、新たな気分になることができます。

◆ 体を「意識して」動かす

　バレエや日本舞踊など踊り系の習い事、また武道をなさっている方はご存じでしょう。これらには「型」というものがあって、まずはその「型」を徹底して指導されます。「型」を身につけるには、指の先から頭のてっぺんまで、それこそ髪の毛の一本一本にまで、意識を集中しなければなりません。

　以前私の「独断」というコラムで、「パラパラ」という、当時、若者に流行った踊りの違和感について書いたことがあります。「パラパラ」を踊っている若者が、どうしても幼稚園のお遊戯に見えて仕方なかったからです。

　バレエや日本舞踊に比べて何が違うのだろうと、私は一所懸命考えてみました。西洋と東洋の違いでもありません。昔からの伝統的なものと、最近の踊りの違いかとも考えましたが、ジャズダンスやブレイクダンスと比べても、やっぱりパラパラだけは「ミョー」なんですね。

　その時、よくよく考えまして、その原因がわかりました。それは踊りの種類が原因でなく、**踊る人が体のどこにまで「意識」を集中させているか**、のちがいだったのです。相対的にパラパラは素人の踊りで、きちんと踊っているように見えて、実は踊り手の「意識」が体の細部にまで行き渡っていなかったのです。

　プロと呼ばれる人の踊りは、それがどんな種類の踊りであったとしても、「意識」が足の指の爪の先まで、頭の上の髪の毛の先まで行き渡っているのです。名人と呼ばれるぐらいの人になると、その「意識」が自分の体を超えてその外側にまで広がっています。体の外まで広がっているその名人の「意識」を感じて、観客はそれを「オーラ」などと呼ぶのでしょう。100年に一人、後世までその名が残るような名人の中の名人の演技は、その「意識」が会場全体、ホール全体にまで及んで、全ての観客を飲み込んでしまう。だから、観客はその演者の「意識」の凄さに圧倒されてしまうのでしょう。

　これは踊りだけではなく、音楽でも、スポーツでも、武道でもそうです。名人の「意識」はその体を超えて観客を圧倒します。絵や小説の世界も同じです。作者の「意識」がその作品を媒体にして、さらにそれを超えて、鑑賞している人を圧倒するのです。

　話しは少しそれましたが、体を動かす時には、その一つ一つの小さな動きにまで、自分の意思を浸透させるようにします。そうすることによってＤＭＮ（デフォルト・モード・

ネットワーク　P18）で動いていた必要のない考え、つまり脳に対する余分な負荷を取り除くことができる。つまり明後日に飛んでいた意識を、自分自身のもとに取り戻すことができるのです。

　具体的には、例えばペン１つ手に取るにも、「さあ、ペンを右手で取るぞ」と意識します。はっきりと声に出すのもいいでしょう。

　　　　「右手から左手にペンを渡すぞ」
　　　　「左手で、机の上の真ん中あたりに置くぞ」
　　　　「置いた左手は、ゆっくりともどして、自分の膝の上に下ろすぞ」

このように、できるだけ詳しく、自分の動きを意識してから、実際に動いてみます。

　先ほど述べましたダンスもそうですが、武道も自分の一挙手一投足に細心の注意を払って動かします。礼法もそうですね。

　　　　「親指からかかとまでが左右平行になるように立つ」
　　　　→「足の裏を床と平行にしたまま、体重ごと右足をすり足で半足後ろに引く」
　　　　→「体を前屈させないように、そのままゆっくりと腰を下におろす」
　　　　→「右膝が床についたら、少し前へすり、左右の膝頭がそろったら、足首を倒して正座になる」

これらの動きの間も、手は太ももの上にそえ、指は閉じて伸ばし、視線は１間（1.8m）ほど前の床にむけて、などなど、全身決められた通りに動かさなければなりません。茶道や華道でも、本当に細かい動きまで、きちんと決まっていてその通りにしなければなりません。

　決められた通りの動きをする、するように意識を集中する、これが脳にとって非常に大切なのだということが、現代の科学によって裏付けがなされつつあるのです。

> 私によく、「禅は何にするものか」と尋ねられるが、私は、「禅は自己に親しむものである」と答える。［中略］言を換えて自己流にこれを言えば、「自己が自己を自己で自己する」ことである。（澤木興道　※19）

◆　指を使う作業をする

　一時期「大人のぬり絵」というのが流行りました。それは下絵の描かれた本で、買った人は、それに自分で好きな色をぬっていくのです。はみ出ないように慎重に注意しながら、

ただひたすらぬっていると、我を忘れて没頭してしまいます。そして完成すると何とも言えない爽快感があります。意識を集中してぬっていると、ＤＭＮの無駄な動きがシャットダウンされ、最小限にまでになるのでしょう。集中していると脳が疲れるように思いますが、実際は疲れるどころか心地よいものです。

　昔から「写経」が良いと言われているのも、同じ理由なのでしょう。心を込めて筆に集中していると、ＤＭＮに奪われていた脳の活動を、意識の方に取り戻せるからなのです。

　絵の好きな方は絵を描く、書道をなさっている方は字を書く。子どもならプラモデル作りとか手芸とかも、たいへん良いのです。楽器を弾くことも、心を助けてくれます。禅の「作務」も同じなのだと、私は考えています。「箱庭療法」と呼ばれる心理療法がありますが、これも基本的には同じ作用があるのでしょう。

　１つのことに集中して手を動かす、手を動かして１つのことに集中する。これはとてもよいマインドフルネスのエクセサイズなのです。

◆　小旅行

　「旅行」といっても、どこか遠くへ出かける必要はありません。電車やバスに乗る必要もありません。例えば学校への行き帰りを、いつもと違う道を通ってみる。隣の校区の公園にまで足を伸ばす。など、なんでも結構です。いつもと違う景色を探して見てみましょう。

　あるいは同じ道でも、電柱が何本あるか数えてみる。この交差点から次の交差点まで何歩かかるか、数えてみる。など。

　新たなものを発見する、違う何かに意識を向けてみる。これが十分マインドフルなのです。（子供さんの安全が確認できる範囲でなさって下さい。）

5、心をいやすマインドフルネス

　マインドフルネスは、元々、人間がよりよく生きる、より幸せに生きるために考え出されたものです。ですから、この章でお話しすることが、実はマインドフルネスの本質、本家本元です。

　小学生から高校生までの自殺者は、年間およそ３００人（※20）です。これが統計として多いのか少ないのか、私にはわかりません。ただ、これだけの人数の子供が毎年自ら命を落としているということの重大性に、私は心が痛みます。最悪の結果にならなくても、勉強で、友人関係で、家庭環境で、悩み苦しんでいる子供は多いと聞きます（※21）。原因はさまざまあるでしょうが、マインドフルネスを知っていたら、もしかしたら結果は変わっていたかも知れません。
　子供が悩んでいる時、苦しんでいる時、本当に力になってあげられるのは、まずは親御さんです。さあ、ご一緒に、心をいやすマインドフルネスを練習してみましょう。

　　　１、「ラベリング（数息観）」などで、まず心を落ち着かせます。よそ見をしていた心をこちらに取り戻します。

　心に何か問題を抱えていると、普段「ラベリング（数息観）」ができる子供でも、「心が落ち着けない」「じっとしていられない」などうまくできないということがあります。おうちの方が見ていらっしゃって、普段とは違うなと感じた時は、特に注意して気をくばってあげてください。

　　　２、「シャヴァ・アーサナ（屍のポーズ）（Ｐ３１）」をしてみましょう。

　体の力が本当に抜けますか。おうちの方が子供さんの体に触れてみて、力が抜けているかどうか確認してあげてください。

　　　３、自分の体を感じてみましょう（Ｐ４２）。

　悩み事があったりつらいことがあったりすると、多くの場合、体のどこかに不調を感じ

ています。悩み事やつらいことの方が大きすぎて、体の不調に気がつかないことも多いのです。全身をくまなくスキャンして、体のどこかに不調を感じたら、それは心の不調かも知れません。子供さんが**体の不調**を訴えた時には、**心に不調**がないか、確かめてあげてください。

認知行動療法（CBT：Cognitive Behavioral Therapy）では、心身の不調を「ストレス反応」といって、それを「感情」「思考」「体の生理的反応」「行動」に分けて、自分自身を自分自身で認知する（メタ認知）という作業を指示します。また、それらの度合いを自分で数値化して表現する、といったような方法もとる場合があります。

子供の場合は、たとえ自分のことでもそれをうまく表現することが難しいものです。体の状態を表現するのもまだまだ難しいのですが、心の状態を説明するのは、もっと難しいことです。

ですから、子供の場合にはできるだけ**子供にも表現しやすい方法**を導いてやるように、工夫します。例えば、エリーン・スネルは、次のような方法を提示しています。（※２）

> 「こころのなかは、どんな天気ですか？
> ほがらかで、よく晴れていますか？
> 雨が降っていますか？
> どんより曇っていますか？
> もしかすると、嵐が吹き荒れているでしょうか？
> どんなことに気づきますか？
> 感じていることについてあまり考えすぎず、そのときの気持ちにいちばんぴったり合う言葉で表現し、こころの天気を感じてみましょう。

またこのような方法も提案しています。

> なにか気持ちがわいてきたとき、どんな気持ちでも、その気持ちに気づき、名前をつけてみましょう。
> たとえば、子どもに次のような「気持ちの絵」を見せて、そのときの気持ちに合う絵を指でさしてもらいます。
>
> （泣き顔の絵）　（驚き顔の絵）　（怒った顔の絵）　（笑った顔の絵）

> [中略]
> ●その気持ち、からだのどのあたりで感じますか？
> ●その気持ちを、どうしたいですか？
> ●大好きな友だちやペットといっしょに過ごしているときのように、その気持ちにやさしく注意を向け、しばらくいっしょにいることはできますか？

　自分の感情を言葉にするだけで、それを客観視（メタ認知）することができ、それがさまざまな負の感情を抑えることがわかっています。

> 負の思考は、繰り返し同じところをぐるぐる回って、そこから抜け出せないことに第一の問題があります。そこから抜け出すためには、今自分がどういう精神状態なのか、自分で捉える必要があります。
>
> "身体感覚への意図的な注意の集中"を通して、今ここの瞬間の現実と共にいることで、反すう思考から注意リソースをそらす
>
> "心の全般的なパターン習慣"と"自動操縦と反すう思考サイクルに陥りやすい独特の傾向"を観察する
>
> マインドフルネス認知療法で指導される最初のステップは、常に一呼吸おいて、はっきりとみつめることです。そうすることで"困難な感情を習慣的に回避するパターン"を認識できるようになる
> （レベッカ・クレーン　※5）

　子供に対しては、その表現力に応じて、先の「嵐のたとえ」や「気持ちの絵」などのツールを使って、より表現しやすいように導いてあげてください。

　ここで大切なことは、聞いている親御さんは、その内容について、一切の批評を加えない、という点です。自分自身で自分自身の気持ちに気づくことが大切なのですから、その時に「それは良いことだ・悪いことだ」など批評すること、あるいは「そういう時にはこうしたらいい」などの助言を加えることは、この場面においては避けるべきことです。「ああ、そうなのね。」「そんな風に感じたのね」などと、子供の言ったことをそのまま肯定し

て聞いてあげてください。子供自身にも、自分の感情・感覚・認識について「良い」「悪い」などの評価をさせないことが大切です。あるがままに受け入れることを教えてあげて下さい。

　子供の気分が落ち着いてきたら、「ブリージングスペース・軟酥の法（なんそ）」（P４３）をしてみるのもいいでしょう。

　心が落ち着く、あるいは負の感情が軽減されると、それは必ず学習にもより良い影響をもたらします。

　直接的に「勉強しなさい」と言う、あるいは進学塾へ通わせて過剰な勉強させる、また睡眠時間や遊びの時間を削って勉強時間をたくさんとる、などのことより、こうしてマインドフルな心を養うことが、どれだけ子供の学習にとって結果としてプラスになるか、お判りいただけたらと思います。

6、水島の思想の潮流

　私がマインドフルネスというものに興味を持ったのは、決して偶然でもないし、付け焼き刃のものでもありません。ここに私の思想の潮流をチャートにしたものを掲載しておきます。マインドフルネスがただの流行ではないと悟ることができたのは、４０年に渡るこのような思想と修行の伏線があるからです。

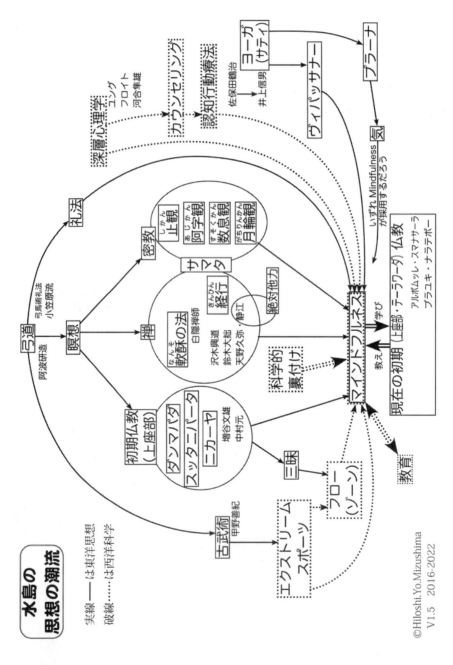

あとがき

　数度目かの校正刷(ゲラ)チェックをしている時、近いうちにマインドフルネスに関するTV番組が放送されるという話を2つほど立て続けに聞いた。良くも悪しくも、本当に人類にとって大きな変革を与える事象について、時代というものは、世界で同時並行的に進んでいく。ユングの言う共時性(Synchronizität)である。マスメディアはその豊富な資金力と政治力とを使って、おそらく直接マインドフルネスの最先端に海外取材などして、一番新しい科学情報を、これからもどんどん報道してくるのだろう。それは、一般の人に対する啓蒙である。

　私には、瞑想(マインドフルネス)について40年学び考え続けてきたことに対する拙(つたな)いながらの自信があり、そのアドバンテージがある。教育に携わってからも、もう丸27年になろうとしているが、そんなに前から瞑想(マインドフルネス)と教育との関係について注目していた者は、その効用を体感(しっ)していた一部の修行僧のような人たち以外、誰もいないだろう。その点において、私は先駆者である大いなる自負をも持っている。が、同時に、この数年の急激な科学的知見の進歩と、それをおす時代の圧力とには、ただただ驚くばかりである。

　脳科学の技術進歩とその功績については、門外漢の私はただありがたくその教えを請いたい。同時に、教育の現場にいるマインドフルネスの先駆者として、先端の科学技術に対して、これをもっと調べろ、これのエビデンスを挙げろ、と圧力をかけ続けたいと思う。それが子供たちへの最大の貢献であろう。

　　　　　　　　丙申歳　神無月　望　　私をマインドフルにしてくれる愛犬(てんのすけ)と共に記す

参考文献・資料

- ※1　[はじめに] ジョン・カバットジン　エリーン・スネル著「親と子どものためのマインドフルネス」サンガ
- ※2　エリーン・スネル著「親と子どものためのマインドフルネス」サンガ
- ※3　伊藤絵美著「マインドフルネス&スキーマ療法 BOOK1」医学書院
- ※4　久賀谷亮著「世界のエリートがやっている最高の休息法」ダイヤモンド社
- ※5　レベッカ・クレーン著「マインドフルネス認知療法入門」創元社
- ※6　[補遺] 菅村玄二　Z.V. シーガル他著「マインドフルネス認知療法」北大路書房
- ※7　佐保田鶴治著「ヨーガ入門」ベースボールマガジン社
- ※8　佐保田鶴治著「ヨーガ根本教典」平河出版
- ※9　イレーヌ・マキネス著「禅入門」岩波書店
- ※10　奥村一郎著「神とあそぶ」女子パウロ会
- ※11　川上全龍著「世界中のトップエリートが集う禅の教室」角川書店
- ※12　ティク・ナット・ハン著「ブッダが教える『生きる力』の育て方」KADOKAWA
- ※13　ケリー・マクゴニガル著「最高の自分を引き出す方　スタンフォードの奇跡の教室」大和書房
- ※14　水島醉著「進学塾不要論」ディスカヴァー・トゥエンティワン
- ※15　オイゲン・ヘリゲル著「弓と禅」福村出版
- ※16　スティーヴン・コトラー著「超人の秘密　エクストリームスポーツとフロー体験」早川書房
- ※17　ユング著「心理学的類型」中央公論新社
- ※18　東城百合子著「家庭でできる自然療法」あなたと健康社
- ※19　澤木興道著「禅の道」大法輪閣
- ※20　「子供の自殺等の実態分析」文部科学省
- ※21　「平成26年版　子ども・若者白書」内閣府

★ご注意

　世の中にはやヨーガや瞑想を隠れ蓑にした「カルト宗教」や、自己啓発セミナーをうたった「詐欺商法」「霊感商法」などがあふれています。

　本物のマインドフルネス、ヨーガ、瞑想指導は、決してカルトでも詐欺でもありません。何かを強要したり、多額の受講料を要求したりものを買わせたり、霊・先祖・墓・病気や死などの言葉で恐怖を煽ったりするようなことは、一切ありません。

　どうかこのようなまちがったものに騙されないよう、これから学んでみようとお考えの方は、十分お気をつけの上、良い指導者をお探しください。

著者　水島 醉

　主な著書
　　■ お母さんが高める子供の能力
　　■ 独断
　　■ サイパー　国語・社会・英語・算数シリーズ
　　　　　　　　　　　　　　以上　認知工学刊

　　■ 「受験国語」害悪論
　　■ 進学塾不要論
　　■ 国語力のある子どもに育てる３つのルールと３つの方法
　　■ 名作ドリルシリーズ
　　　　　　　　　　　　　以上　ディスカヴァートゥエンティワン刊

中学受験は自宅でできるIII
マインドフルネス学習法　MBLM　Mindfulness-based Learning Method

令和４年４月１日　初版　第２刷

著　者　水島 醉
発行所　株式会社　認知工学
〒604-8155　京都市中京区錦小路通烏丸西入る占出山町308　山忠ビル５Ｆ
電話　（075）256－7723　　email : ninchi@sch.jp
郵便振替　01080－9－19362　株式会社認知工学

ISBN978-4-901705-99-8　C-0037　　　　H030222D

定価＝　本体５００円　＋税